Stress reduzieren und Gelassenheit lernen

Mit gezieltem Stressmanagement und effizienter Stressbewältigung entspannt durch Alltag und Beruf – inkl. effektiver Entspannungstechniken

Isa Lemberger

Alle Ratschläge in diesem Buch wurden sorgfältig erwogen und geprüft. Eine Garantie kann dennoch nicht übernommen werden. Eine Haftung des Autors beziehungsweise des Verlags für jegliche Personen-, Sach- und Vermögensschäden ist daher ausgeschlossen.

INHALT

Stress?

Ein Problem, welches viele von uns heutzutage verbindet, ist der tägliche Stress. Jeder Mensch wurde damit schon mal/wird damit noch konfrontiert und jeder zweite Mensch hat täglich Stress. Dieser Stress kann in den meisten Fällen schlimme Auswirkungen auf den Körper, die Seele und die Psyche haben. Laut vielen Studien führt Langzeitstress in den meisten Fällen auch noch zu vielen weiteren Krankheiten. Dieser Prozess ist ein immer weiterlaufender, der meist zu einem ewigen Kreislauf mit den jeweiligen Folgen führt.

Zuallererst stellen wir uns die Frage „Was ist eigentlich Stress?"

Diese Frage beantwortet jeder Mensch immer ganz individuell. Jeder verbindet damit seine eigene Schwachstelle, bei der es anfängt, stressig zu werden. Bei dem sich viel zu viele Dinge stapeln, mit denen man nicht umzugehen weiß. Stress beschreibt einen Zustand eines Menschen, bei dem er nicht weiterweiß oder zu überfordernd für die Person in der Situation ist. Stress kommt in Situationen vor, in denen man zu viel vorhat bzw. in denen man nicht weiß, wie man diese handhabt. Für jeden Menschen kommt diese Situation immer unterschiedlich auf, jeder kann mit solchen Situationen anders umgehen und für jeden kommt Stress ganz unterschiedlich (oft) auf.

Was Stress ganz genau nun ist?

Es ist eine ganz natürliche Reaktion des menschlichen als auch tierischen Körpers, wobei verschiedene Hormone aufkommen. Jeder Körper produziert immer unterschiedlich viel Stress, genauso wie jeder Körper anders mit Stress umgehen kann.

Schon früher haben die Menschen mit Stress leben müssen und wurden damit konfrontiert. Die Urzeitmenschen als auch sehr viele Tiere haben damit schon kämpfen müssen. Dieses Stresshormon löst in den Menschen als auch in den Tieren weitere Hormone aus, durch die sie in Kampfsituationen überleben konnten, da sie viel Adrenalin im Körper hatten und somit vorbereitet waren und die Situation genau erkannten. Also wie Sie erkennen, ist Stress ganz normal. Eine Reaktion des Körpers, die der Mensch als auch die Tiere auch braucht/en, um zu überleben. Es war also überlebenswichtig bzw. ist es auch heute noch.

Stress - ein neuzeitiges Phänomen?

Der Unterschied zwischen dem Stress früher zu dem Stress heute liegt nun darin, dass der Stress in der früheren Zeit viel schneller abklang, wobei der Stress heutzutage in vielen Fällen zum chronischen Schmerz bzw. Problem wird. Der Stress an sich ist kein neuzeitiges Phänomen, jedoch die Art und Weise, wie oft der Mensch heutzutage damit in Verbindung kommt und wie der Mensch heutzutage damit

umgehen kann, unterscheidet sich drastisch zu früheren Zeiten. Gründe dafür sind zum Beispiel: Früher
wurden die Menschen nicht so häufig Stress ausgesetzt, heutzutage werden die meisten Menschen kon-
stant mit Stresssituationen in verschiedenen Situationen überflutet.

Stressmomente gab es früher nur zu bestimmten
Zeiten. Die Erholungsphasen kommen in der heutigen
Zeit viel zu kurz. Dabei muss man sich jedoch ganz bewusst sein, dass Stress eine ganz natürliche Reaktion
jedes menschlichen Körpers ist.

Wie kommt es zum Stress?

Nun stellt man sich die Frage: „Wie kommt es zum Stress?" Da die meisten Menschen immer häufiger als früher Stress ausgesetzt werden, kommt der menschliche Körper mit dieser Hormonausschüttung gar nicht richtig hinterher.

Der menschliche Körper wird überschüttet mit Stress und hat große Probleme mit der Lösung dieser Geschehnisse. Daher ist es ganz wichtig, zuallererst zu wissen, wie es zum Stress eigentlich kommt, um dann Wege einzuleiten, diesem Stress aus dem Weg zu gehen bzw. vermeiden zu können. Im Gehirn bzw. ganz allgemein im Körper jedes Menschen bilden sich in Stresssituationen einige Signale, welche entlang der HPA-Achse des Gehirnes gesendet werden.

Die HPA-Achse steht für den Sinn der Hypothalamus Hypophysen Nebennierenrinden Achse. Das bedeutet, dass bei Stress Stresshormone im gesamten Körper ausgeschüttet werden. Diese heißen „K o r t i s o l". Der menschliche Körper ist darauf fokussiert, solchen Stresshormonen wie Kortisol entgegenzuwirken und dagegen zu kämpfen mit Energiequellen, die im Körper immer zur Reserve gespeichert werden (Hilfequelle für den Körper).

Diese mindern die daraus entstehenden Entzündungen und Probleme im Körper, die bei zu viel Stress entstehen bzw. aus den Folgen daraus sich immer weiterentwickeln. Der Körper versucht daher, Abwehrkräfte/Abwehrenergie gegen den aufkommenden Stress einzusetzen, da dieser sich sozusagen in einer Kampfsituation befindet.

Was kann Stress hervorrufen? Wie sind die Auswirkungen auf den Körper und den Geist?

Hervorgerufen werden kann Stress durch sehr viele Situationen, in denen man nicht weiterweiß, eine nicht gesunde Lebensart mit zu wenig Schlaf hat, einen unregelmäßigen Schlafrhythmus, eine unglückliche Lebensweise und vieles mehr. Meist war man vorher nicht in der Situation, sie kommt einem neu vor und sie überfordert einen. Was dann dadurch aber hervorgerufen werden kann, sind viele weitere Krankheiten.

Es sind meist vielfältige Auswirkungen, die aus den Folgen der Anfangssituation nacheinander entstehen. Diese stapeln sich immer mehr, bis dieser Stress mit seinen Problemen und Auswirkungen sehr oft zu einem chronischen Problem wird.

Stress macht sich häufig auch erst bemerkbar durch: Kopfschmerzen/Migräne, Hautunreinheiten mit Pickeln, Rötungen oder Trockenheit, Haarausfall, Schwächeanfälle Magenschmerzen, Durchfall/Darmbeschwerden etc. Meist sind dies alles erst kleine Anzeichen, welche dann jedoch zu einer weiteren Krankheit werden, die durch Stress und weiter anhaltenden Stress oder steigenden Stress ausgelöst werden. Dazu muss aber auch gesagt werden: Jeder Körper und Geist geht immer komplett anders mit Stresssituationen um. Das bedeutet, dass die Stärke der Auswirkungen des Stresses immer unterschiedlich bei jedem sind und die dazu jeweiligen Auslöser auch wiederum unterschiedlich sind.

Wie äußert sich der Stress? Welche Symptome sind erkennbar?

Dass Stress eine große Wirkung auf den menschlichen Körper hat, sollte jeder wissen. Auf den Körper, auf den Geist und die Seele und ganz besonders auf die Psyche des Menschen hat Stress Auswirkungen. Es gibt positiven Stress und negativen Stress. Wie der ausfällt, ist immer unterschiedlich und von jedem Menschen abhängig. Beeinträchtigen kann vor allem der negative Stress namens „D i s s t r e s s". Ganz besonders bei dauerhaftem Stress, welcher auf lange Sicht den Körper, die Seele und den Geist und die Psyche des menschlichen Körpers beeinträchtigt. Dieser hat bzw. kann große fatale Schäden verursachen. Die Gesundheit des Menschen kann ernsthaft geschädigt werden.

Die körperlichen Symptome von Stress

Der Stress äußert sich körperlich, psychisch und in der Seele des Menschen. Diese Symptome können Krankheiten hervorrufen oder auch begünstigen. Sehr viele Menschen wissen gar nicht, dass ihr Leid meist durch den Stress, den sie gar nicht wahrnehmen, begünstigt bzw. ausgelöst wird. Die Ursache vieler Krankheiten/Probleme und die daraus entstehenden Auswirkungen sind sehr häufig ganz normaler Stress, der viel zu häufig in der heutigen Zeit zu chronischen Krankheiten führt. Diese Symptome sollten mit einem Arzt besprochen werden. Symptome sind zum Beispiel:

- sexuelle Probleme
- Muskelkrämpfe und auch Verspannungen
- Schlafstörungen
- Herz-Kreislauf-Beschwerden
- Konzentrationsstörungen
- Magen-Darm-Beschwerden

Die psychischen Symptome von Stress

Wie oben beschrieben, ist auch der psychische Stress eine große Beeinträchtigung vieler Betroffenen. Die Symptome, die sich durch psychischen Stress äußern, können die Lebensqualität ebenfalls stark beeinträchtigen. Diese können, wenn sie zusammentreffen sollten, also psychischer Stress und körperlicher Stress, fatale Auswirkungen haben. Dies kann sehr belastend für den

Betroffenen sein. Der Stress kann Auslöser für viele psychische Erkrankungen sein. Darunter verstehen sich Symptome wie:

- aggressives Verhalten
- Angstgefühle
- Burnout
- innere Unruhe
- Gefühl der Hilflosigkeit
- Unzufriedenheit

Die gesamten Symptome, die entstehen können, psychische Symptome als auch körperliche Symptome, werden viel zu oft auf die leichte Schulter genommen. Dies ist ein weiterer Grund, weshalb die Probleme sich immer mehr häufen. Dabei wird viel zu selten die Ursache, die wirkliche Ursache, erkannt.

Es wird immer nach falschen Punkten gesucht, das Problem wird nicht erkannt und kann somit nicht gelöst werden. Viel zu häufig nehmen sich die meisten Menschen zu wenig Zeit dafür und denken nicht viel darüber nach. Dabei entstehen chronische Erkrankungen, die viel schwieriger zu lösen und zu bekämpfen sind.

Wie geht der Körper auf lange Zeit mit Stress um?

W ie bereits erwähnt, geht jeder Körper unterschiedlich mit Stress um. Jedoch auf lange Sicht gesehen, kann kein Körper mit ausreichenden Energiequellen Stress bekämpfen, sprich jeder Körper kommt in eine Situation, mit der er nicht mehr umgehen kann. Auf lange Sicht wird dieser Stress Teil einer seelischen Belastung. Diese führt zu vielen weiteren Problemen und Krankheiten. Die nervliche Anspannung des Gehirns und des Körpers wird immer schwieriger, die Konzentration auf viele Dingen im Alltag wird eingeschränkter. Der anhaltende Stress führt auch beispielsweise dazu, dass Zellen in der sogenannten Amygdala schneller altern. Dies führt zum Beispiel zu ständigen Angstzuständen. Auch Depressionen bilden sich aus langanhaltenden Stresszuständen.

Allgemein kann man sagen: Langanhaltende Stresssituationen beeinträchtigen den Körper stark. Je länger die Stressmomente, desto größer auch die Probleme, die daraus entstehen.

Welche Erkrankungen und Probleme können durch Stress hervorgerufen werden?

Wird der Stress zu viel, führt dies meist zu körperlichen und psychischen Problemen/Krankheiten. Symptome, die aus Stress entstehen, sind: Gereiztheit, weniger bzw. schlechtere Konzentrationsfähigkeit, Nervosität,

Verspannungen, Schlafstörungen, Kopfschmerzen/Migräne, Lustlosigkeit, Appetitlosigkeit und dadurch Gewichtsverlust oder auch im Gegenteil mehr Appetit und dadurch Gewichtzunahme, Magenprobleme, Darmprobleme, häufiger auftretende Verdauungsprobleme wie zum Beispiel Durchfall oder auch Verstopfung, schlechtere Haut (Akne, Hausausschlag, Rötungen, starke Augenringe...), Haarausfall und vieles mehr!

Anfangserkrankungen nach den anfänglichen Symptomen sind zum Beispiel: Bluthochdruck, Entzündungen im Magen- und Darmtrakt, Magengeschwüre, Depressionen, Magensaftproduktion etc.

Auch im sexuellen Bereich kann es zu Beeinträchtigungen kommen. Des Weiteren kann das Krebsrisiko durch langanhaltende Stresssituationen steigen.

Wann sollte man gegen Stress angehen?

Die Frage, wann der Mensch bereit ist, etwas gegen den Stress zu tun, ist ein wichtiger Punkt! Vielen wird dieser Stress, der Tag zu Tag mehr wird, erst viel zu spät bewusst. Vielen sind die Folgen, die durch den Stress entstehen, nicht klar. Den meisten ist nicht bewusst, dass diese Folgen immer schlimmer werden können und diese immer schwieriger zu beseitigen sind. Der Stress wird immer mehr und dadurch häufen bzw. verschlimmern sich die Stressfolgen. Generell sollte man, sobald man Stress hat, unterscheiden, was es für ein Stress ist und wodurch dieser zustande gekommen ist.

Erst wenn man das genaue Problem und die genaue Ursache kennt, kann man nach einer Lösung suchen. Und das dann sofort!

Unterscheidung des Stresses?

Es gibt verschiedene Stresssituationen. Ganz wichtig ist die Unterscheidung des Stresses. Man sollte sich immer erst die Frage stellen „Was für einen Stress habe ich eigentlich zurzeit?", um die Ursache zu erkennen und das Problem dann anschließend auch lösen zu können.

Es gibt viele unterschiedliche Stressarten. Während des Alltags kommen immer unterschiedliche Situationen auf, in denen jeder Mensch anders funktioniert. Beispiele wären: Alltagsstress im Job, mit der

Familie oder den Freunden, den Nachbarn und allgemein dem Umfeld, wo immer eine stressige Situation aufkommen kann.

Meist verbindet man mit Stress immer direkt einen negativen Gedanken. Dies ist in der Regel so. Jedoch unterscheidet man zwischen zwei Arten von Stress. Diese Theorie existiert nach „Selye". Es gibt Unterschiede zwischen positivem und negativem Stress.

DER POSITIVE STRESS:

Dieser wird Eustress genannt und entsteht durch Dinge oder auch in Momenten, die mit Spaß verbunden sind. Alles, was man gerne macht, Freude und Spaß bereitet, jedoch mit Stress verbunden ist, wir es aber dennoch als positiv empfinden, ist nach Selye „Eustress". Dadurch motiviert uns quasi der Stress zu etwas Bestimmtem, was wir als positiv empfinden.

Dabei verfolgt man eine bestimmte Aufgabe und erbringt dadurch eine Leistung, die uns zwar stresst, die wir jedoch anders wahrnehmen als negativen Stress. Unser Ziel motiviert uns durch psychische und körperliche Anreize und bringt uns immer mehr voran. Allgemein kann man dazu sagen: Um produktiv zu sein, seinen Zielen näher zu kommen und voran zu kommen, sollte man den positiven Stress haben. Dafür gibt es eine gesunde Menge, die jeder Mensch braucht, um seinem Ziel näher zu kommen. Dieser positive Stress unterstützt uns, um immer am Ball zu bleiben.

DER NEGATIVE STRESS

Dieser kann schnelle Folgen haben und heißt nach Selye Disstress. Ist also der Stress zu hoch und nicht mehr im gesunden Maß, ist der Stress nicht mit einem Ziel verbunden oder ist der Stress mit einer direkt negativen Sache verbunden und ist nicht mehr bzw. nicht leicht oder gerne zu bewältigen, so entsteht dieser negative Stress.

Die Stressbelastung steigt mehr, als sie zu bewältigen ist. Es fühlt sich negativ an und wird bedrohlich. In irgendeiner Weise ist dieser Stress nicht mehr auszuhalten und überfordert. Dazu können viele Faktoren führen - ein Lebensereignis, eine Lebenssituation im neuen Abschnitt oder andere Dinge können Auslöser von negativem Stress sein. Dieser ist im Vorfeld meist gar nicht zu beeinflussen oder auch zu stoppen. Natürlich wird je nach positivem oder auch negativem Stress, also je nach Eustress oder Disstress, das Leben beeinträchtigt.

Dies hat Folgen auf die Leistungsfähigkeit jedes Menschen, das Glücklichsein, sein Lebensempfinden und vieles mehr. Stress, egal welcher Art, hat je nach Menge verschiedene Folgen. Es kann hinderlich oder förderlich für jeden Menschen sein.

Stress aus evolutionärer Sichtweise

Viele gehen direkt davon aus, dass Stress etwas Schlechtes wäre. Jedoch aus evolutionärer Sichtweise ist es nicht immer schlecht, es hatte auch schon gute Seiten bzw. positive Effekte auf die Evolution. Es wäre ohne Stress ganz anders gekommen. Mit Stress haben die Menschen früher ihre Situationen, in den Gefahren drohte, erkannt und versucht, dem aus dem Weg zu gehen. Zum Beispiel lernten die

Menschen früher so, aus Stresssituationen die Gefahr mit zum Beispiel gefährlichen Tieren zu überleben. Diese Fähigkeit, aus so einer Situation zu lernen und dem aus dem Weg zu schaffen, wurde jedem von uns mitgegeben.

Jeder geht auf seine eigene Weise damit um und bewältigt für sich gefährliche Situationen. In den Stresssituationen geht unser Körper davon aus, dass wir in einer gefährlichen Situation stecken und angegriffen werden. Der Körper versetzt sich in eine Kampfsituation und versucht, aus dieser Situation herauszukommen. Es wird ein Alarm gestartet, wobei viel Adrenalin sowie Kortisol und viele weitere Hormone ausgeschüttet werden. Der menschliche Körper versucht sich auf einen Angriff vorzubereiten. Der Stress, den wir empfinden, ist vergleichbar mit einem Gemütszustand, wobei dieser bei Stress als negativer Gemütszustand angesehen wird.

Der Körper versetzt sich in eine Kampfsituation, der Puls und die Herzfrequenz gehen höher und der Mensch ist körperlich als auch psychisch überfordert und ist sich nicht sicher, wie er reagieren soll, da er bisher nicht bzw. selten in so eine Situation gekommen ist.

Was kann ich aktiv gegen Stress machen, um ihn zu reduzieren?

Wie wir erkannt haben, kann es große negative Auswirkungen haben, auf längere Sicht Stress zu haben. Der Körper ist dann immer in einer Kampfsituation, unter Druck gesetzt und gestresst. Die Person kann bzw. wird im Verlaufe der Zeit seine Energie nicht voll und ganz einsetzen. Die Energiequellen bzw. der Energievorrat ist dann nur noch begrenzt bzw. gar nicht mehr für die Person verfügbar. Das führt dazu, dass die Person nicht mehr so leistungsfähig ist, wie sie sonst wäre. Er kann keine vollen Leistungen erbringen, die Energiequellen sind ausgeschöpft. Jetzt stellt sich die Frage: Wie kann ich aktiv und ganz bewusst etwas gegen den Stress machen, um diesen zu reduzieren und das am besten auf lange Sicht?

Auf genau diese Frage finden Sie nun jetzt Ihre Antwort: Auf vielen Ebenen kann sich der Stress auslösen und im Körper verbreiten. Zuallererst muss die Frage geklärt werden, welchen Stress man hat. Dies erkennt man meist schnell, indem man erst hinterfragt, woher der Stress kommt. Danach sollte man ganz aktiv und bewusst auf den Auslöser achten. Manche Auswirkungen erkennt man erst sehr spät. Wichtig ist, sofort etwas dagegen zu machen und dagegen anzugehen. Es gibt viele Punkte, die man in seinem Alltag berücksichtigen muss, um seinen Stress reduzieren zu können, damit dieser schnellstens verschwindet.

Punkt 1: Direkt nach dem Aufstehen sollte man damit anfangen. Es gibt Morgen- als auch Abendroutinen, die viel über die Gesundheit und das Wohlbefinden des Menschen aussagen. Auch der Stress entsteht bei schlechtem Wohlbefinden. Um dem aus dem Weg zu gehen, sollte man darauf hören und reflektieren, ob die Morgen- und Abendroutine, wie sie bisher ist, auch dem Körper und der Psyche guttut. Man muss sich ausprobieren, um zu sehen, was einem wirklich guttut. Es helfen meist Rituale, die dem Körper Sicherheit geben. Dem einen hilft viel Ruhe am Morgen, den Morgen ohne digitale/elektronische Geräte zu starten, fern von diesen zu bleiben, dem anderen helfen genau diese Dinge, um wach zu werden.

Ganz wichtig ist hierbei, dass man sich bewusst ist, was man ausübt und was einem guttut. Auch bestimmte Getränke wie ein Glas Wasser am frühen Morgen nach dem Aufstehen, eine Tasse Tee oder Kaffee können wohltuend sein. Für jeden Menschen funktioniert etwas anderes. Eine gewisse Routine dabei zu haben, ist ganz wichtig, da der Körper sich daran gewöhnt und dies führt dazu, dass man sich schneller mit dem, was man tut, sicher fühlt. Diese Art von Sicherheit stärkt den Menschen sehr. Das bestätigen viele Studien.

Punkt 2: Die Informationsaufnahme jedes Menschen ist begrenzt! Dies bedeutet zum einen, dass allgemein die Informationsaufnahme jedes Menschen ein Limit hat und nicht überschritten werden darf. Diese Begrenzung ist bei jedem unterschiedlich und hängt bei jedem Menschen auch von seiner/ihrer Situation ab. Sprich, jeder Mensch ist jeden Tag/Stunde/Minute anders gelaunt und hat unterschiedliche Begrenzungen. Daher sollte man in jedem Moment darauf achten, eine bestimmte Begrenzung der Informationsaufnahme zu besitzen. Auch die Tageszeit ist sehr abhängig von jedem Menschen. Es gibt Morgenmenschen als auch Nachteulen.

Dies bedeutet: Jeder Mensch hat eine andere innere Uhr, in der man unterschiedlich fit ist. Informationsaufnahmen können und sollten nur in der jeweiligen Zeit vorgenommen werden bzw. nicht in falschen Momenten aufgenommen werden. Diese in die jeweilige Zeit zu verschieben oder allgemein bei zu viel Informationsaufnahme zu verkürzen/verringern, ist in jedem Fall eine optimale Lösung.

Punkt 3: Viel zu viel zu tun! Genau diesen Gedanken hat so gut wie jeder zweite Mensch. Nach Umfragen und Studien fühlt sich jeder zweite Mensch überfordert da er/sie zu viel auf der To-do-Liste stehen hat. Zu viele Dinge zum Abhaken, zu viele Dinge noch zu erledigen.

Genau das ist das Problem vieler Menschen. Manchmal hilft es einfach, sich weniger vorzunehmen. Etwas weniger auf der To-do-Liste stehen zu haben und am Ende des Tages ein größeres Erfolgserlebnis zu haben, alle To-do's abhaken zu können, hat eine sehr positive Wirkung. Es erzeugt im Körper und in der Psyche ein Erfolgserlebnis. Ein weiterer Tipp: Wirklich jede Aufgabe aufschreiben - egal, wie umfangreich und groß sie ist, um diese zum Schluss abhaken zu dürfen. Dies erzeugt Glückshormone, die das Stresslevel etwas sinken lassen. Auch ein weiterer Tipp, der sehr hilfreich ist - ins kalte Wasser springen. Das bedeutet: Die Aufgaben, die man sonst nur vor sich herschiebt, direkt zu machen. Alle Aufgaben, die man ungern macht, für die man sich nicht direkt am Anfang entscheiden konnte, sollte man einfach schneller hinter sich bringen. Realistischer seine Aufgaben zusammenfassen, sich weniger vornehmen, effizienter handeln und dabei erfolgreicher sein, ist in vielen Fällen auch eine gute Hilfe, um wenigstens einen Teil der Aufgaben zu erledigen. Anstatt direkt demotiviert zu sein und auf alles keine Lust zu haben, sollte man dem Gedanken und der Floskel aus dem Weg gehen und das „Viel zu viel zu tun" ein für alle Mal beenden.

Lieber weniger tun, anstatt gar nichts zu machen. Und dabei nie das Aufschreiben und Abhaken vergessen. Dies hilft, motiviert zu sein und sein Ziel immer näher vor Augen zu haben. Man sollte keine Scheu besitzen, direkt die schwierigste Aufgabe zu klären, denn spätestens dann fühlt man sich besonders gut, da man das Schlimmste hinter sich hat!

Punkt 4: Positive Effekte/Ziele mit in den Alltag einbauen bzw. positive Effekte mit in die Aufgaben oder Ziele einbauen. All das führt dazu, dass man seine Aufgaben gerne löst und schneller hinter sich haben möchte, um seinem Ziel näher zu kommen.

Das erleichtert uns den Weg und kann sogar Freude bereiten. Somit ist die Aufgabe auch nicht mehr so negativ. *Zum Beispiel:* Man kann sich beim Lernen das Ziel setzen, eine Belohnung zu bekommen, nachdem man sein Ziel erreicht hat. Oder noch besser und schöner: Man gönnt sich Pausen und Belohnungen nach beispielsweise jedem Abschnitt oder Kapitel. Ein weiteres Beispiel wäre, sich ganz bewusst Zeit für sich und seine Gedanken zu nehmen. Für jede Aufgabe braucht man einen freien Kopf, die Zeit sollte man sich zumindest zwischendurch nehmen können.

Punkt 5: Weniger an elektronischen Geräten arbeiten oder sitzen. Studien haben bewiesen, dass allein die Nutzung von solchen Geräten die Ursache für mehr Stress im Alltag ist. Der menschliche Körper ist nicht darauf vorbereitet, so viel Zeit am PC, Laptop, Handy usw. zu verbringen. Daher sollte man sich bewusster werden, wie viel Zeit man eigentlich an solchen Geräten verbringt.

In der heutigen Zeit arbeitet man auch noch im Beruf sehr lange an PCs, verbringt sehr viel Zeit in der Nähe der Geräte und kommt kaum noch ohne sie klar. Wenn man bewusster mit solchem Luxus umgeht und versucht, seine Zeiten zu beschränken, dann minimiert auf lange Sicht auch den Stress. Das belegen verschiedene Studien.

Funktioniert Stressbewältigung?

TIPPS UND TRICKS, WIE SIE STRESS MINIMIEREN KÖNNEN

Stress ist für jeden von uns eine Belastung. Auf lange Sicht kann dies zu schweren Erkrankungen führen. Jeder Stress wirkt sich unterschiedlich auf jeden Menschen aus.

Unterschiedlich stark oder schwach und unterschiedlich oft oder selten. Genauso unterschiedlich ist auch die Belastung jedes Menschen. Manche kommen besser damit klar, die anderen weniger gut. Aber für jeden von uns ist Stress eine Art von Belastung, die sich mit Symptomen bemerkbar macht und unterschiedliche Auswirkungen hat. Es gibt jede Menge

Stresssymptome, welche immer Folgen für den Menschen haben. Manchmal ist es viel besser, frühzeitig Symptome zu erkennen und eine Notbremse zu ziehen! Ansonsten können die Auswirkungen des Stresses immer mehr Folgen für den Betroffenen haben.

Es entstehen immer mehr Probleme oder Krankheiten - wie in einem Teufelskreis - sie steigern sich und werden dann zu chronischen Problemen. Es gibt zahlreiche Symptome und Auswirkungen, die nur durch Stress als Ursache entstehen. Zur Stressbewältigung sollte man zuallererst die eigentliche Ursache aus den ganzen angesammelten Problemen bzw. Krankheiten finden, um den Stress richtig bekämpfen zu können. Dies sollte man aktiv und bewusst für eine lange Zeit durchführen, da Stress sich in vielen Situationen wieder bemerkbar machen kann. Um eine komplette Notbremse ziehen zu können, sollte man sich bewusst über die sonst noch mehr werdenden Symptome werden.

Natürlich sollte man nur auf gesunde Mittel zurückgreifen, die wirklich zur Beseitigung des Stresses beitragen. Viele Menschen greifen zu Tabletten, Zigaretten, Alkohol oder Drogen. Diese Mittel mögen für den Anfang sehr beruhigend und stressabbauend für den einen oder anderen sein, sind aber keine

Notbremse des Stresses und der Stress lässt sich dadurch nicht bekämpfen. Ganz im Gegenteil. Der Mensch macht sich dadurch kaputt! In solchen Momenten ist die Gefahr, davon abhängig zu werden, besonders hoch. Stresssituationen führen Menschen meist auf Wege, die sie sonst nie gehen würden.

Es gibt jede Menge gesunde Alternativen, mit denen man seinen Stress bewältigen kann. Und dabei auch auf eine viel effizientere Art und Weise. Diese werden nun beschrieben:

EINSTELLUNG ZUM STRESSABBAU:

Der Stress, den man hat, ist an sich eine Einstellungssache, genauso wie der Stressabbau. Dieser hat meist mit bestimmten Begebenheiten zu tun. Desto negativer die Einstellung dazu ist, umso höher ist auch das Stresslevel. Das bedeutet: Reduzieren kann man den Stress nur durch eine positive Einstellung dazu. Die Situation lässt sich leichter und schneller lösen, wenn man eine positive Einstellung dazu hat.

Gründe für eine negative Einstellung sind meist so etwas wie Perfektionismus oder Angst und Unsicherheit. Jedoch sind das alles auch Gründe, noch mehr

Stress zu bekommen, was natürlich vermieden werden soll. Natürlich hat das auch meist mit dem Menschen selbst zu tun, welche Einstellung er dazu hat. Es gibt Menschen, die eher optimistisch sind, dann Menschen, die eher pessimistisch sind. Laut einer Studie geht jeder zweite Mensch zu negativ an eine Sache heran.

Ein ganz guter Tipp ist: Gehe optimistischer und viel positiver an eine Sache heran. Versuche, selbstbewusst Dinge anzugehen und dir ein Ziel zu setzen. Damit kann man schon viel Stress vermeiden und dazu auch das Ziel, Stress zu minimieren, aktiver und bewusster verfolgen. Diese Punkte kannst du dir immer in Erinnerung rufen, falls du Probleme mit Stress bekommen solltest:

1. Stelle zuallererst für dich fest, welche Einstellung du hast: Den Stress kannst du erst reduzieren, wenn du weißt, was bei dir Stress verursacht und was der genaue Grund dafür ist. Dazu kann man sich am besten die Frage stellen: „Was ist der eigentliche Grund, die eigentliche Ursache, was Stress in mir auslöst?"

Danach kann man seine Situation und seine Probleme selbst beurteilen, inwieweit man es positiv oder auch negativ sehen kann. Schnell erkennt man, ob man eher positiv oder negativ eingestellt ist. Falls dir dies schwerfällt, versuche dir Zeit zu nehmen und nach einer gewissen Zeit die zusammengefassten Punkte erneut anzuschauen.

Man könnte zum Beispiel auch Freunde oder Familienmitglieder fragen. Oft erkennt eine außenstehende Person viel besser deine Einstellung.

2. Problemeinschätzung: Man sollte sich seinen Problemen stellen. Nimm dir Zeit, mach dir Gedanken und schätze die Wichtigkeit der Probleme ein. Sind es wichtige, ernstzunehmende Probleme oder steigerst du dich da zu sehr hinein? Vergleiche sie mit der Realität, mit der Wirklichkeit und sei ganz ehrlich und selbstkritisch.

3. Änderung der Einstellung: Wenn du erkannt hast, dass du zu einer pessimistischen und/oder negativen Einstellung neigst, ändere bewusst etwas daran. Um diese persönliche Einstellung zu ändern, versuche ab jetzt, alles positiver zu beschreiben und zu formulieren. Zum Beispiel: Sag dir nicht, dass Fehler etwas Negatives sind. Sieh das Positive - aus Fehlern kann man lernen. Das ist etwas ganz Natürliches.

4. Änderung des Verhaltens: Zum Schluss kann man versuchen, das Verhalten mit einer positiven Einstellung zu ändern. Man sollte versuchen, sich Erfolge vor Augen zu halten und versuchen, die Handlungen positiver zu gestalten und immer zufrieden zu sein, zumindest versuchen, zufrieden mit sich und der Situation zu sein. Um Erfolge zu erkennen, und sich vor Augen zu halten, kann man auch anfangen, eine Art Tagebuch oder eine Art Buch mit positiven Stichpunkten zu den Erfolgen zu führen. Dies führt zu mehr Sicherheit, Selbstbewusstsein und Dankbarkeit. Man kann sich am Ende des Tages auch Gedanken dazu machen, was alles an dem jeweiligen Tag gut lief, was schlecht lief und wie man es besser machen könnte.

Positive Seiten sehen und immer an das Gute denken – das ist sehr wichtig. Diese Einstellung hilft nicht nur, deinen Stress immer mehr zu minimieren, sondern auch, immer an dein Ziel zu denken. Schon schnell erkennst du, dass dies zu einer Angewohnheit werden kann. Immer häufiger siehst du nur das Positive in verschiedenen Situationen und regst dich im Alltag immer weniger auf. Du erkennst schnell eine positive Veränderung.

Organisation und Zeitmanagement

Meist hilft es auch, an seinem Zeitmanagement und seiner Organisation etwas zu ändern. Dinge, die von Anfang an klar sind, oder auch Dinge, die regelmäßig anfallen und feste Pläne sind, sollten gut strukturiert sein, sodass man immer einen Zeitpuffer hat.

So meidet man Stresssituationen bzw. Momente, in denen spontan etwas dazu kommt und man normalerweise in Zeitdruck gerät. Eine genaue Planung des Tages ist in genau solchen Momenten von Vorteil. Laut einer Studie hilft es jedem zweiten Menschen, zumindest ein wenig, den Tag zu planen oder To-do-Listen zu schreiben. Wenn man alle wichtigen Dinge, Termine und Aufgaben auf einen Blick übersichtlich hat, beruhigt das viele Menschen. Das Stresslevel wird dadurch deutlich reduziert. Daher ist das Thema Zeitmanagement eine sehr wichtige Aufgabe und Hilfe, die den Stress zumindest etwas minimiert.

Jedoch sollte man sich nicht allzu sehr auf den Plan fokussieren. Dieser sollte nur eine Hilfe sein, um einen groben Überblick behalten zu können. Spontane Dinge können während des Tages immer vorkommen, und da diese den Zeitplan völlig durcheinanderbringen und dies dann zu unnötigem Stress führt, sollte man sich nur einen groben Plan aufstellen, um zwar die wichtigsten Punkte im Überblick behalten zu können, jedoch mit Freiraum für andere spontane Dinge.

Kleiner Tipp am Rande: Es gibt laut Studien bestimmte vorgegebene Zeiten, in denen man am effektivsten arbeiten kann. Diese sind am Vormittag von 08:00 bis 12:00 Uhr und am Nachmittag von 15:00 bis 19:00 Uhr. In dieser Zeit kann der Mensch am effektivsten arbeiten und die besten Leistungen erbringen. Die Kraft und die nötige Konzentration sind in diesem Zeitraum am stärksten. Jedoch sollte man sich bewusst sein, dass jeder Mensch seine eigene innere Uhr hat, eigene Zeitangaben und diese von der Studie festgehaltene Zeiten nicht für jeden gelten.

Am besten testest du dich aus und schaust, wann du am konzentriertesten arbeiten kannst. Es gibt Frühaufsteher, die morgens am effektivsten arbeiten, und dann gibt es auch die sogenannten Nachteulen, die spät abends sehr aktiv sind und effektiv arbeiten können. Dies gilt auch für Lernzeiten und alles, was mit der Konzentration zusammenhängt. Schaue am besten, welche Zeit deine beste und effektivste Zeit ist, lerne deinen Körper kennen und höre auf dein Bauchgefühl, zu welcher Zeit du dich am belastbarsten fühlst!

Die „Work Life Balance"

Darunter versteht man ein gesundes Gleichgewicht zwischen Arbeit und Leben. Eine Auszeit vom Arbeitsleben ist sehr wichtig für ein gesundes Leben, welches jeder Mensch haben sollte. Es ist auch sehr wichtig, um Stress abzubauen und freie Minuten zu haben, in denen man einen freien Kopf bekommen kann.

Da der Beruf bzw. die Arbeit für sehr viele Menschen sehr stressig ist, zumindest geben mehrere Studien an, dass das Arbeitsleben jedes Deutschen mit

Stress verbunden ist und jeder zweite diesen Stress dann auch mit nach Hause in die freie Zeit mitnimmt. In den Zeiten der Arbeit sind die meisten Menschen durchgehend im Stress und wissen nicht, wie sie diesen dann im privaten Leben wegstecken können. Daher ist es sehr wichtig, freie Minuten für sich selbst zu haben, mit seinen Lieben, und nicht 24/7 an die Arbeit und den Stress zu denken.

Die Anspannung fallen zu lassen, Stress abzubauen und in der Freizeit wirklich freie Zeit zu haben, ist ein sehr wichtiger Punkt! Das bedeutet die Work Life Balance. Einen Ausgleich von der Arbeit und dem Stress zu schaffen, die Anspannung in eine Entspannung umzuwandeln, damit auch der Körper, die Psyche und der Geist und die Seele zur Ruhe kommen und wieder neue Energie laden können, ist sehr wichtig. Zeit für Freunde, Familie, Hobbys und auch freie Zeit für sich selbst zu haben, ist essentiell.

Keine Tätigkeit sollte zum Stress werden. Es sollte eine stressfreie Zeit sein, in der man wirklich Energie tanken kann. Daher sollte man auch regelmäßig freie Abende nur für sich selbst haben. Eine gesunde „Me Time" sei jedem gegönnt, um richtig entspannen zu können!

Techniken zum Entspannen

E s gibt viele Methoden, um dem Stress viel gelassener entgegenzutreten. Diese helfen dir, deine Anspannung zu verlieren und dabei den Stress zu minimieren.

Werden diese häufig angewendet, helfen sie dir auch, besser mit Belastungen umzugehen. Sie führen zu mehr Ausgeglichenheit und Entspannung. Dabei lassen sich viele auch direkt in den Alltag integrieren und sind überall anwendbar - im Büro, unterwegs, zu Hause. Für jeden Ort gibt es eine bestimmte Übung.

Genauso gibt es für verschiedene Situationen und die jeweiligen Beschwerden Übungen und Techniken.

Bei regelmäßiger Anwendung führen sie zu einem hilfreichen Ausgleich zum stressigen Alltag.

Dadurch kann man auch besser mit Belastungen umgehen. Um die richtige Technik für sich zu finden, kann man sich beim Arzt informieren. Dieser kann verschiedene Übungen, die einem vielleicht gar nicht bekannt sind, empfehlen und erklären. Zu weiteren Möglichkeiten der Entspannung zählen auch Yoga, Meditation, Schwimmen, Tanzen und vieles mehr.

Quasi jede Sportart, die einem Spaß und Freude bereitet, ist ein sehr guter Ausgleich und eine Hilfe zum Entspannen. Auch autogenes Training wird häufig angewendet. Eine weitere Technik, die der Entspannung und Stressminimierung dient, ist das korrekte Atmen. Vielen von uns ist nicht bewusst, ob man das richtige Atmen anwendet. Viele gehen nicht näher darauf ein und achten nicht darauf. Jedoch kann das richtige und korrekte Atmen ebenfalls gut zur Entspannung beitragen. Es gibt unterschiedliche und jede Menge Übungen und Möglichkeiten, durch das Atmen das Empfinden des Stresses zu minimieren und zu beeinflussen. Dies kann entspannend, beruhigend und gesund auf den Körper wirken.

Stressmanagement im Alltag

Nicht nur bestimmte Entspannungstechniken und Übungen helfen, den Stress im Alltag zu minimieren, sondern auch einige Tricks und Tipps, die man öfter anwenden sollte. Diese senken das Stresslevel im Alltag und sorgen für mehr Ruhe und Gelassenheit.

Diese Dinge beanspruchen wenig Zeit und es ist sehr wichtig, eine regelmäßige Anwendungsroutine zu finden. Daher ganz wichtig: Wende diese so oft wie möglich und bewusst an, um den Stress auf lange Sicht zu senken. Schnell wirst du merken, dass es dir besser geht und du deinen Stress auf lange Sicht minimieren kannst. Arbeite aktiv und bewusst daran. Auf diese Punkte solltest du achten:

• Mehr von der Natur: Die Natur und alles drum herum in der Natur hat eine sehr beruhigende und entspannende Wirkung auf Menschen. Laut mehreren Studien fehlt jedem dritten Menschen Zeit in der Natur.

Ein sehr guter Tipp ist daher: Verbringe mehr Zeit in der Natur, natürlich in einer sichereren Umgebung, in der du dich auch wohlfühlst. Jeden Tag Zeit in der Natur zu verbringen, entspannt den Menschen sehr. Genieße die Natur und die Zeit, nimm sie bewusst wahr und höre dabei auf deinen Körper. Dabei kann man auch kurze Spaziergänge machen.

Auch Rituale wie ein morgendlicher Lauf in der Natur, ein Abendspaziergang, Sonntagsspaziergang allein oder in Begleitung entspannt den Menschen. Die Natur hat eine sehr starke beruhigende Wirkung. Allein schon Bilder aus der Natur oder der Blick aus dem Fenster wirken beruhigend.

• Viel mehr Lachen: Laut Studien minimiert Lachen den Stress. Es hilft uns, den Stress besser wegzustecken und zu vergessen. Auch andere Menschen, Familie, Freunde oder Kollegen oder auch deine Mitmenschen zum Lachen zu bringen, macht einen selbst glücklicher. Lachen setzt Glückshormone frei, die im Unterbewusstsein arbeiten und den Stress minimieren. Das positive, glückliche Gefühl, welches ein herzliches Lachen verursacht, sorgt für viel Entspannung in deinem Körper. Auch ein künstliches Lächeln trägt zur Entspannung bei.

• Kauen: Forscher haben beweisen können, dass das Kauen Stresshormone senken kann. Nicht nur Kaugummis eignen sich super dafür, sondern tatsächlich auch Selleriestangen.

Nachgewiesen wurde ebenfalls, dass das Kauen auf Sellerie sehr entspannend und beruhigend auf den menschlichen Körper wirken soll. Es sollen Wirkstoffe wie das „Apigenin" dabei freigesetzt werden. Diese sollen auf den menschlichen Körper sehr entspannend und ganz besonders beruhigend wirken.

• Mehr Wärme: Dass Wärme dafür bekannt ist, Verspannungen zu lösen und gut für das Wohlbefinden des Menschen ist, wissen viele. Jedoch, dass Wärme auch positiv gegen Stress wirken kann, wissen die wenigsten. Allein das Händewaschen unter warmem bzw. lauwarmem Wasser wirkt beruhigend auf den menschlichen Körper. Ein Entspannungsnerv wird dabei getroffen und führt dazu, weniger Stress zu empfinden und sich zu entspannen und abzuregen. Viele Forscher haben herausgefunden, dass Wärme bei so gut wie jedem Menschen dazu führt, ausgeglichener zu sein bzw. zu werden.

• Elektronische Geräte abschalten: Ein sehr wichtiger Punkt ist, sich auch Freizeit von elektronischen Geräten zu nehmen. Ob Handy, Laptop oder PC, iPad, Musikbox oder jegliche Art der Elektronik, auch der ganz normale Fernseher, all diese Dinge können zu mehr Stress führen.

Heutzutage verbringt man viel zu viel Zeit damit, ist immer erreichbar und kann es meist auch gar nicht in der Freizeit weglegen. Viele verbringen ihre ganze Freizeit damit. Für viele ist es unvorstellbar, ohne das Handy die freie Zeit zu verbringen. Das ständige Erreichbarsein oder das ständige Aufnehmen von Informationen, welches durch solche elektronischen Geräte noch verstärkt wird, oder allein das häufige Schauen auf die Geräte führt dazu, dass man immer mehr Stress aufbaut, anstatt in der freien Zeit abzubauen.

Daher wird empfohlen, seine freie Zeit auch ohne das Handy etc. zu verbringen und auch außerhalb der Elektronik sein Leben führen zu können. Direkt nach weniger Nutzung elektronischer Geräte, fühlt sich der Körper entspannter, gelassener und kommt leichter zur Ruhe.

Stressbewältigung auf der Arbeit

D a für die meisten Menschen der größte Stressfaktor der Beruf ist, sollte man besonders dort für Tricks und Tipps offen sein und diese häufig anwenden. Denn ganz besonders dort, wo man den meisten Stress bekommt, sollte man versuchen, etwas zu ändern.

Eine entspannte, stressfreie Umgebung ist nämlich sehr wichtig. Im Büro kann man den Schreibtisch einrichten, so wie man sich am wohlsten fühlt oder auch durch Gerüche den Raum angenehmer gestalten.

Sobald man sich wohlfühlt, empfindet man viel weniger Stress. Bilder oder auch Pflanzen helfen bei deinem Wohlbefinden auch sehr stark. In besonders stressigen Zeiten sollte man besonders darauf achten, genügend Pausen einzuplanen. Ganz besonders sollte man darauf achten, dass diese Pausen effektiv gegen den Stress sind bzw. ohne Stress sind, da der Körper in solchen Momenten neue Energiequellen aufbauen und zur Ruhe kommen muss.

Pausen kannst du zum Beispiel mit einem kleinen angenehmen Spaziergang einrichten, wobei du entspannen kannst und zur Ruhe kommst. Ein nettes Buch kann man zur Entspannung lesen, um einfach auf andere Gedanken zu kommen. Alle anderen Sorgen sollte man ausblenden können und ohne Stress die Zeit verbringen. Ganz wichtig dabei ist, abschalten zu können.

Ganz oft kommt es auch zu einer Überlastung am Arbeitsplatz. Diese erhöht natürlich den Stressfaktor und ist nicht gesund. Daher sollte man lernen, seine Arbeit passend einzurichten, die Zeit effizienter zu nutzen und zu bestimmten Aufgaben auch nein zu sagen. Vielen Menschen fällt dies leider viel zu schwer. Jedoch sollte man niemals seine eigene Gesundheit für seinen Job aufs Spiel setzen und sich überlasten. Nicht immer muss man einspringen, nicht immer muss man

Überstunden machen oder sich bei der Bewältigung der Aufgaben zu sehr stressen. Man sollte immer darauf achten, alles mit sich vereinbaren zu können, ohne dass es zu einer Überlastung kommt.

Essen und Trinken

Die Mahlzeiten sind ein wichtiger Punkt zur Stressminimierung. Zu viel Fast Food, ungesundes Essen, zu viel Zucker und zu viele Kohlenhydrate führen ebenfalls dazu, falsche Hormone auszuschütten und sich dadurch mehr zu stressen.

Daher sollte man auf eine gesunde, ausgewogene Ernährung achten, um seinen Stress zu minimieren.

Ziel fokussieren

Abschließend sollte nur noch erwähnt werden, dass alle aufgezählten Übungen, Tricks und Tipps nur erfolgreich sein können, wenn diese aktiv und bewusst auf lange Zeit angewendet werden.

Dafür sollte einem sein Ziel im klar sein. Man muss sich bewusst sein, was Stress für Ursachen hat und welche fatalen Auswirkungen diese auf einen haben können, ganz besonders auf lange Sicht. Danach sollte der Stressminimierung nichts mehr im Weg stehen!

Herstellung und Verlag:

BoD – Books on Demand, Norderstedt

ISBN: 9783755755203

© Isa Lemberger 2021

1. Auflage

Kontakt: Psiana eCom UG/ Berumer Str. 44/ 26844 Jemgum

Covergestaltung: Fenna Larsson

Coverfoto: depositphotos.com